PRE-K
and
KINDERGARTEN

Sight Words
Word Search Book

Sparkling Minds

For tons of FREE literacy and math
coloring pages, visit: www.sparkling-minds.com

Pre-K

a
and
away
big
blue
can
come
down
find
for
funny
go
help
here
I
in
is
it
jump
little

look
make
me
my
not
one
play
red
run
said
see
the
three
to
two
up
we
where
yellow
you

Kindergarten

all	must	too
am	new	under
are	no	want
at	now	was
ate	on	well
be	our	went
black	out	what
brown	please	white
but	pretty	who
came	ran	will
did	ride	with
do	saw	yes
eat	say	
four	she	
get	so	
good	soon	
have	that	
he	there	
into	they	
like	this	

This book belongs to:

_____

Level 1

PRE-K

1

```
e  l  l  d  d  e
u  n  d  e  i  g
b  a  n  b  i  g
l  g  a  b  n  u
u  a  n  d  d  e
e  a  i  g  g  u
```

and
big
blue

2

r g o a f r

c n c o n n

o r n f r o

f o r f r c

f n c a n o

a r f a r a

can
for
go

3

k d o w n a

w k a w w l

l d w w d o

w l a y a o

w y y y y k

o y n k o y

away
down
look

4

h m c o m e
d l h e n i
h e l p h f
m p n o p i
h h o f n n
h c e h c d

come
find
help

5

```
f e i e e y
u u h u n r
n h h h r r
n y e i h y
y n r r i n
r h e i f f
```

funny
here
in

6

y u y y i y

e i s y u o

l o u y l u

l i l y i l

o u y i e w

w w o l o i

is
yellow
you

7

```
j  o  m  m  p  l
e  e  e  p  t  o
j  u  m  o  j  l
e  u  j  u  m  p
p  i  m  m  u  p
l  i  t  t  l  e
```

jump
little
to

8

o m k o n k

m k e o o a

a t m t t a

k o n a t e

e n e o m t

e e o k o a

make
not
one

9

l	a	e	e	i	s
p	s	y	l	s	a
r	e	d	e	d	i
p	l	p	p	r	d
p	l	a	y	l	y
i	e	p	y	a	i

play
red
said

10

r r s e e n

r u n n n h

t h r e e s

u u r s s e

u n s r r t

s r s e r t

see
run
three

11

y y h y w t
t w o o h y
y h u w e o
h r u h r u
r u w y e u
h r u o u w

two
where
you

Level 2

PRE-K

12

```
e  n  f  y  l  u  y
o  n  u  d  u  l  d
d  u  n  k  s  e  e
l  y  n  f  a  n  d
o  e  y  y  u  y  e
o  y  e  y  e  a  e
k  e  a  e  o  n  a
```

and   look
funny   see

13

```
h  m  l  k  m  t  y
h  y  a  t  k  a  y
l  t  t  h  e  w  w
t  e  h  y  t  a  m
t  m  p  l  m  y  a
l  h  e  l  p  p  k
l  l  w  m  p  y  e
```

away   make
help   the

14

e h m w e b t
r m e t g i i
r y h w r m b
o g i o t w i
e h e r e w g
i y g m r r i
t g y e r o e

big　　　　my
here　　　two

15

```
r  b  r  h  l  c  n
n  o  t  r  o  h  e
b  t  u  n  a  c  l
b  c  o  b  l  u  e
n  a  n  l  l  r  r
h  n  u  e  r  u  r
t  h  r  e  e  u  r
```

blue   not

can   three

16

```
i   w   h   o   m   m   m
w   h   w   h   r   c   o
r   e   i   n   m   c   n
w   r   h   c   m   o   e
o   e   m   o   n   m   e
h   o   e   n   i   e   w
i   w   n   r   m   c   i
```

come   one
in   where

17

```
i  t  l  l  w  n  d
y  w  y  l  o  i  l
e  o  i  y  e  i  n
l  d  o  w  n  l  o
l  w  r  l  t  e  o
o  d  e  n  t  l  n
w  o  d  w  n  r  n
```

down   red
it   yellow

18

```
u  d  r  u  n  o  u
d  j  u  m  p  p  r
p  f  o  f  i  n  d
o  u  i  d  f  m  p
r  n  f  d  p  y  r
f  m  y  y  o  u  j
j  m  n  u  r  n  r
```

find   run

jump   you

19

e	t	a	e	e	e	d
n	l	r	a	n	d	i
f	i	s	a	i	d	r
o	t	l	a	r	a	l
r	t	l	e	s	e	a
f	l	i	o	a	s	i
f	e	t	a	t	n	t

and   little
for   said

20

```
p  l  s  w  l  p  s
p  s  u  e  y  f  u
s  p  f  a  p  n  s
e  a  u  u  l  u  n
e  e  n  p  l  a  y
e  a  n  u  p  p  w
n  s  y  n  a  e  s
```

funny   see

play   we

21

t m h m t t b

l h e r e h r

l m y e m t r

b b l u e h y

m r b m l r b

u l y l m e u

e e u e h e e

blue   my

here   three

22

```
o  p  h  e  l  p  w
t  e  c  k  a  e  l
t  k  l  w  h  h  l
h  n  c  h  c  c  e
m  a  k  e  t  a  w
h  l  t  l  c  n  k
h  w  c  t  w  o  l
```

can   make
help   two

Level 3

KINDERGARTEN

23

```
r  e  t  l  h  a  o  t
a  i  o  u  w  i  t  h
f  o  r  y  l  t  i  u
l  l  t  w  w  o  f  r
r  e  u  f  i  f  o  i
o  a  f  e  a  y  u  w
e  a  l  l  e  a  r  f
t  h  e  y  r  l  h  a
```

all   they
four   with

24

```
s h a a t a e k
g i t b l a c k
o a e i b l h d
i t i d b b c t
k h c l l s g t
e i l e g o o d
b s i s o b b l
b c o k k o s e
```

ate   good

black   this

25

```
c  m  c  w  e  e  w  w
a  r  e  c  o  h  w  h
m  g  e  t  t  o  r  e
e  t  a  t  w  c  g  e
o  h  e  n  g  n  m  m
r  a  o  e  w  w  w  r
m  t  b  r  o  w  n  w
m  g  n  o  a  m  e  n
```

brown　　　　　get
came　　　　　that

26

w	d	a	i	t	e	e	n
h	i	t	a	t	d	a	d
i	n	w	w	i	h	t	w
t	a	n	h	d	e	t	u
e	a	t	u	u	r	u	e
a	a	w	t	h	w	e	w
u	a	u	n	d	e	r	a
d	w	d	i	d	a	a	w

did   under

eat   white

27

```
s  o  o  n  s  w  o  e
u  t  s  n  w  e  n  b
n  s  u  u  e  e  w  s
o  s  n  o  n  o  b  n
u  o  n  b  t  n  e  w
u  e  e  b  s  e  o  e
u  t  s  o  e  w  n  b
o  b  u  t  s  w  w  n
```

but   soon
new   went

28

p a e o i s r e
w i o u r a e e
r r w a o w u s
i a a e e w p l
d o i r s d r w
e r w o u s w o
d p l e a s e u
a l d s l d l i

our   ride
please   saw

29

```
l  t  m  w  h  a  t  u
k  l  w  s  w  i  t  i
u  k  w  l  t  e  u  m
u  t  i  m  m  l  l  s
m  l  l  i  t  e  a  h
u  s  l  t  k  s  k  m
s  e  a  a  e  h  m  i
t  k  l  i  k  e  s  m
```

like   what

must   will

30

t o o a s o a r

s n h s a e r a

e w s s h w h n

r e n e a a t s

w n h t h n h o

a t t t h t e h

s e h o w o r h

r w s r t s e h

there   want
too   was

31

```
i  n  t  o  v  a  v  i
o  s  w  s  t  o  a  a
v  n  n  e  i  o  o  i
y  n  y  e  s  w  v  n
y  y  e  h  t  h  e  o
e  e  t  s  w  e  s  w
i  a  o  n  s  s  h  i
y  i  a  h  a  v  e  s
```

have   now
into   yes

32

```
p  r  e  t  t  y  w  w
a  t  r  e  s  e  e  y
s  a  y  a  l  y  l  y
t  l  e  r  a  n  l  r
t  p  p  y  w  n  l  p
l  r  r  n  e  y  s  a
a  w  a  y  r  l  s  r
p  s  y  a  t  p  l  w
```

pretty   say
ran   well

33

```
t  t  h  w  c  a  n  s
t  c  y  h  c  n  o  t
y  n  o  t  h  c  c  w
t  e  y  c  h  s  c  o
a  y  c  s  a  a  w  o
w  n  c  h  w  s  o  s
a  c  a  e  n  o  s  y
y  n  e  s  e  s  t  t
```

away   not
can   she

Level 4

KINDERGARTEN

34

```
i  a  t  o  f  o  t  r  r
u  s  a  i  f  o  u  r  w
h  l  w  l  l  s  r  a  e
o  s  w  o  l  s  a  t  a
u  l  h  h  a  f  a  l  l
t  s  i  w  e  o  t  o  h
s  s  t  u  s  a  h  i  w
e  t  e  w  w  a  i  t  s
l  e  f  r  w  o  s  h  t
```

all   out
four   this
        white

35

```
a  t  p  l  e  a  s  e  g
a  w  s  g  e  t  g  o  l
t  w  g  l  g  w  h  s  a
p  h  e  t  e  a  a  w  p
s  l  o  t  o  o  a  e  o
a  p  t  e  w  w  r  e  t
p  r  l  t  p  r  e  a  t
g  h  w  r  w  h  a  t  e
o  r  g  l  a  w  t  r  t
```

are   please
get   too
        what

36

```
y  p  g  o  o  d  y  r  g
r  h  t  v  d  u  n  u  n
a  p  r  y  p  e  u  e  r
n  p  d  e  u  o  u  h  a
u  n  d  e  r  v  n  v  d
g  e  v  a  g  v  v  o  y
o  g  p  r  e  t  t  y  o
o  n  e  d  t  v  o  u  e
e  h  a  v  e  n  r  h  r
```

good   pretty
have   ran

under

37

```
i  u  r  s  h  u  r  t  s
h  e  a  t  e  w  h  o  t
r  i  o  h  a  o  r  o  h
o  r  d  i  a  w  s  i  d
o  t  m  s  h  a  h  u  u
e  i  h  h  h  s  s  t  e
t  h  m  u  s  t  s  o  i
h  h  i  t  e  r  i  d  e
h  h  e  a  u  w  m  t  u
```

ate   ride

must   was

who

38

```
c  i  b  l  a  c  k  a  u
w  e  y  o  s  a  y  t  y
t  a  w  i  k  w  e  l  l
e  y  w  y  i  e  w  k  a
i  n  t  o  a  i  w  e  i
i  t  k  l  y  b  e  i  c
c  w  o  o  s  u  s  b  l
i  n  t  i  t  t  a  t  e
i  s  n  w  u  a  n  t  u
```

black   into
but   say
            well

39

```
e  a  h  w  e  n  t  n  m
n  n  c  t  w  h  s  w  s
h  e  h  o  n  w  s  s  w
n  w  e  s  o  o  n  m  a
o  c  n  h  w  h  w  o  t
a  a  m  t  t  m  h  e  h
e  m  m  a  c  a  a  h  a
m  e  t  s  w  n  a  c  t
n  e  a  t  c  m  n  o  w
```

came   soon

new   that

went

40

```
i  l  s  y  y  s  k  t  s
r  i  y  t  l  i  h  h  e
y  k  y  y  r  y  e  s  k
r  e  l  a  a  y  d  h  y
s  e  h  i  y  i  y  y  t
e  y  l  r  e  a  t  e  h
t  h  e  r  e  r  k  h  e
h  a  e  t  d  e  k  e  y
t  e  k  l  d  i  d  h  s
```

did   like
eat   there
yes

41

n w i t h d o g o
t e g o e s w g g
t s e d w h s h t
d g i h t e w i h
h h e g h e w d d
s d h g i t n t s
s d s o s d t i n
i h t o d g t e s
n o w d s h e i d

good   **she**

now   **this**

with

42

```
h  k  h  a  v  e  k  b  c
n  a  t  h  e  t  o  r  k
u  h  a  h  b  e  l  o  o
a  a  o  l  e  k  r  u  t
u  t  n  n  a  u  l  r  h
t  v  a  n  t  a  b  h  r
t  b  l  a  c  k  n  o  l
r  u  l  o  w  a  n  t  v
h  t  a  w  h  u  n  n  l
```

black   have
eat   our
        want

43

```
s  i  e  t  l  g  p  w  p
a  g  e  t  i  w  w  l  a
w  i  w  l  p  i  i  e  w
p  s  l  l  a  w  i  l  l
l  a  l  e  e  l  g  a  e
e  g  w  t  a  g  e  a  s
a  p  e  e  g  e  i  l  p
s  a  l  l  l  p  a  a  w
e  e  l  l  a  p  l  g  a
```

get   saw

please   well

will

44

```
e  n  p  a  e  o  o  e  o
d  r  i  t  r  o  r  p  a
p  r  e  t  t  y  l  a  l
u  n  d  e  r  e  l  l  u
n  p  a  r  u  u  d  l  r
u  a  p  e  n  t  d  e  i
n  d  u  e  t  o  t  o  d
d  i  e  u  r  o  t  d  e
a  p  r  y  d  r  i  o  y
```

all   ride

pretty   too

under

Level 5

PRE-K
&
KINDERGARTEN

45

```
f  w  w  w  a  k  l  u  l  n
u  w  h  a  r  a  t  t  f  t
r  u  k  k  u  i  h  l  u  a
e  a  u  a  f  i  e  t  n  y
f  f  i  y  k  h  y  t  n  l
a  h  o  o  l  r  t  w  y  o
n  e  a  w  a  y  i  h  w  l
l  i  t  t  l  e  w  w  k  h
a  l  i  k  e  k  e  u  r  f
f  o  u  r  f  o  n  l  l  l
```

away   like
four   little
funny   they

46

```
i  o  o  b  b  a  a  w  n  r
e  o  o  w  w  t  r  h  e  a
e  w  e  n  t  h  g  e  b  i
g  e  e  b  w  b  g  r  t  h
t  h  a  r  a  h  r  e  r  t
b  o  t  o  w  b  t  e  w  o
w  g  a  w  g  w  w  b  n  a
n  i  e  n  n  o  g  o  o  i
e  b  i  t  t  h  i  r  w  e
w  a  w  n  g  t  b  i  g  i
```

big	**new**
brown	**went**
eat	**where**

47

```
h  e  m  k  l  f  o  c  k  c
r  l  c  o  m  o  r  k  r  o
r  n  t  h  i  i  a  w  l  m
a  r  e  l  t  o  a  b  n  e
r  r  c  a  w  l  e  b  a  w
o  t  e  o  o  t  o  k  i  t
d  m  t  h  e  r  e  o  w  b
b  l  a  c  k  i  c  f  i  w
t  e  t  m  f  i  k  m  l  e
b  k  a  k  f  i  n  d  l  f
```

black	there
come	two
find	will

48

w a r e l a l i e o
t w h o r i i l a r
y k i a l r h t l y
y i w i n t o e e e
l d r r w l t r k l
d n k i e r d i d l
k t l o l k y o n o
w l h o l o o k i w
o n w k n n w h h a
l t n t a a w a h r

are   look
did   who
into   yellow

49

```
i  l  w  o  y  y  r  u  y  t
p  y  s  p  y  i  o  y  s  w
a  r  p  p  w  h  e  l  p  i
a  a  a  h  i  l  i  t  h  h
a  u  s  o  u  e  u  l  s  o
s  a  y  s  s  s  w  s  y  a
o  t  y  a  y  p  o  r  a  p
u  u  s  w  p  l  a  y  h  o
r  o  w  i  t  h  t  h  u  p
p  t  h  a  t  h  w  w  s  i
```

help   saw
our   that
play   with

50

```
a o a e u n d e r n
t u d t l i t t l e
s s r s t n a u t a
a g u d a l g o n e
i l n a e t u t d i
d s t a l l g u a g
u s g r d e g o o s
e d e u i a o g a o
o u u i l g o a i o
i r e o n u d g l n
```

good   said

little   soon

run   under

51

```
l u d e t u w n u w
l o a o u d e a n d
u u u o a c e w b w
l t u u d u e l a c
b d e c t t t m c l
a a l l w b e w a t
c b b w a w e o m l
o m e l d a d b e o
w t u w b n b l u e
m d o w n t t a m c
```

all   came
and   down
blue   want

52

```
m  d  k  s  a  n  f  m  t  s
p  f  a  p  l  e  a  s  e  i
l  k  d  d  t  k  d  t  i  e
d  n  h  e  r  e  n  r  h  f
s  h  n  p  a  a  r  t  f  l
p  i  m  e  l  i  k  e  h  a
m  k  n  t  k  m  s  s  m  l
e  s  e  e  k  a  l  l  n  l
e  f  i  n  d  k  a  t  e  f
p  m  m  n  t  e  a  m  n  h
```

ate   like
find   make
here   please

53

```
r  w  h  e  r  e  j  f  j  r
s  e  e  p  r  m  t  o  u  f
e  h  f  u  s  a  f  t  m  s
t  w  h  a  t  t  o  j  p  u
p  t  m  h  u  m  a  a  t  o
e  s  f  p  f  r  r  u  m  a
m  m  u  f  j  j  m  p  h  e
o  u  t  o  t  a  e  s  t  w
r  e  u  u  e  j  s  r  p  a
f  w  m  r  m  s  f  a  o  e
```

four   see

jump   what

out   where

54

a y m n a t t a m t
g c u m u o a u y p
c u s p s n p m o r
a s t a y m r n y e
n u t e m y e o o c
o t c u t c t n g p
e u s y s h t e u t
c s e u n u y n y u
o c n t y a y g e t
e t p m y n t h e y

can   **one**

get   **pretty**

must   **they**

55

```
y e y t y i t h a t
y o i u k l h t t u
i k a u s e l i h u
e a l o o k t u i o
o i t h s s k s s l
u s e s a h o t h l
t y s y y e a h h e
o y e s o t l s h u
l u o a u i e y e a
y s l u i l s h t k
```

look   this
she   yes
that   you

56

```
s  s  y  f  w  e  s  s  h  f
a  s  s  a  h  r  s  e  h  n
o  t  e  t  i  s  i  s  a  o
f  h  h  w  t  t  f  w  u  w
t  e  r  o  e  n  w  s  u  h
s  r  t  a  f  o  r  n  s  w
f  e  t  h  r  e  e  s  o  u
n  y  y  y  n  s  e  a  t  h
r  w  f  u  n  n  y  w  s  y
h  y  u  n  o  s  n  w  o  i
```

funny	there
now	three
saw	white

57

```
p  v  p  e  y  v  e  s  d  e
s  a  w  a  y  i  e  e  v  r
h  l  r  v  w  i  s  y  w  i
s  p  y  l  h  r  y  h  v  d
p  y  e  r  p  l  l  e  a  e
r  i  d  i  l  a  l  l  y  r
e  h  r  p  h  d  r  p  v  y
w  a  s  l  e  i  w  h  y  y
s  v  d  e  e  d  e  h  i  l
y  e  s  a  i  d  h  l  p  y
```

away   help
did   ride
have   said

58

```
n  h  n  h  e  o  d  s  i  s
k  s  s  i  k  i  o  g  e  n
g  k  o  o  s  n  l  o  l  n
d  o  d  l  e  i  e  o  o  d
i  o  k  t  e  e  i  d  o  h
n  i  n  i  l  n  h  e  k  e
t  n  s  h  l  t  o  o  g  s
o  i  n  k  d  g  d  s  n  t
d  k  t  h  i  s  l  i  k  g
e  h  l  o  e  l  i  o  t  o
```

good	see
into	this
look	too

59

```
d i w y e l l o w t
n n i i t e i l d u
w e l d h i o n u n
e f l d a d u y h d
w f u f e y a l e e
y r a f u n n y u r
e w n l n a n n d y
n e u f r n y t l u
w n h d f u l h w y
d t l f t h a t d o
```

funny   went

that   will

under   yellow

60

```
f  t  l  i  t  t  l  e  y  l
o  m  s  s  d  w  m  f  s  f
e  o  n  u  i  s  w  t  i  i
y  h  e  o  f  h  w  h  t  n
l  f  l  y  m  d  l  l  f  d
l  n  f  l  i  h  s  w  m  n
n  n  e  w  m  w  t  d  f  i
l  y  e  s  u  h  d  u  d  d
y  o  m  i  s  o  w  i  w  d
i  e  o  t  t  d  e  m  y  w
```

find   new

little   who

must   yes

Answers

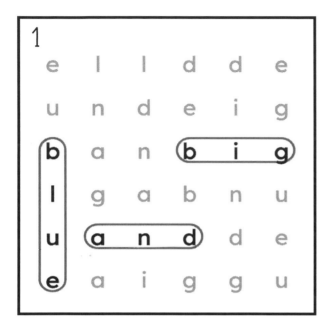

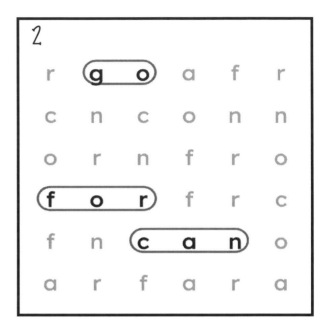

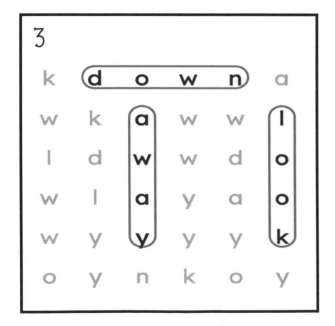

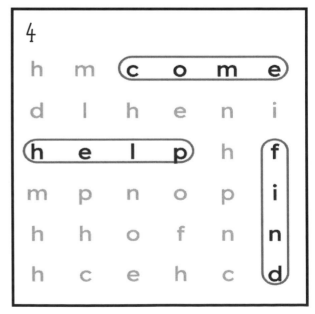

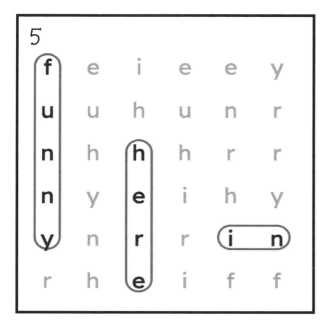

5

```
f  e  i  e  e  y
u  u  h  u  n  r
n  h  h  h  r  r
n  y  e  i  h  y
y  n  r  r  i  n
r  h  e  i  f  f
```

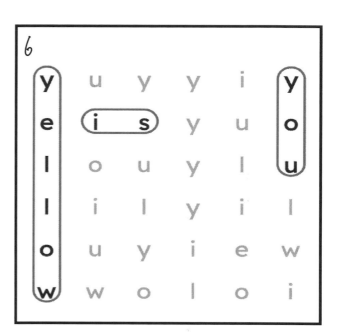

6

```
y  u  y  y  i  y
e  i  s  y  u  o
l  o  u  y  l  u
l  i  y  i  l
o  u  y  i  e  w
w  w  o  l  o  i
```

7

```
j  o  m  m  p  l
e  e  e  p  t  o
j  u  m  o  j  l
e  u  j  u  m  p
p  i  m  m  u  p
l  i  t  t  l  e
```

8

```
o  m  k  o  n  k
m  k  e  o  o  a
a  t  m  t  t  a
k  o  n  a  t  e
e  n  e  o  m  t
e  e  o  k  o  a
```

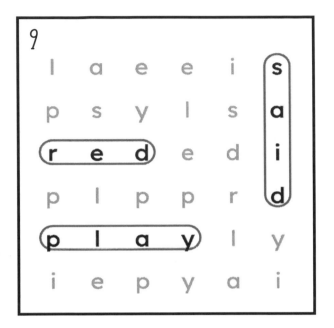

9

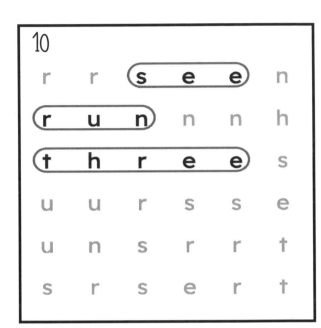

10

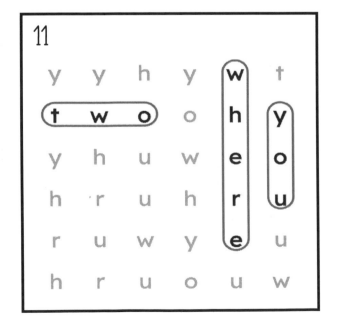

11

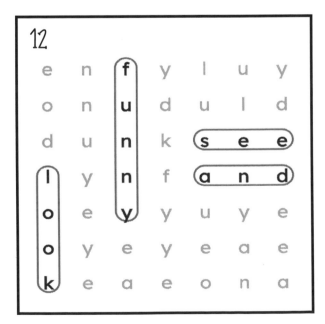

12

13

```
h  m  l  k  m  t  y
h  y  a  t  k  a  y
l  t (t  h  e) w  w
t  e  h  y  t  a  m
t  m  p  l  m  y  a
l (h  e  l  p) p  k
l  l  w  m  p  y  e
```
(away, make, the, help)

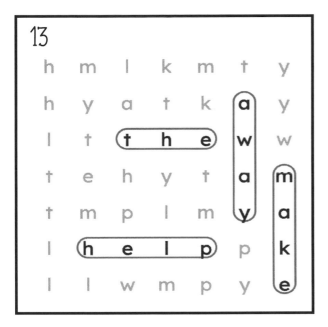

14

```
e  h  m  w  e  b  t
r  m  e  t  g  i  i
r  y  h  w  r  m  b
o  g  i  o  t  w  i
e (h  e  r  e) w  g
i  y  g  m  r  r  i
t  g  y  e  r  o  e
```
(my, two, big, here)

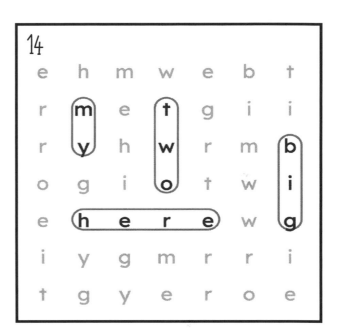

15

```
r  b  r  h  l  c  n
(n  o  t) r  o  h  e
b  t  u  n  a  c  l
b  c  o (b  l  u  e)
n  a  n  l  l  r  r
h  n  u  e  r  u  r
(t  h  r  e  e) u  r
```
(not, can, blue, three)

16

```
i  w  h  o  m  m  m
w  h  w  h  r  c  o
r  e (i  n) m  c  n
w  r  h  c  m  o  e
o  e  m  o  n  m  e
h  o  e  n  i  e  w
i  w  n  r  m  c  i
```
(where, in, come, one)

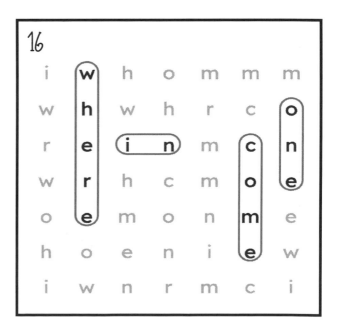

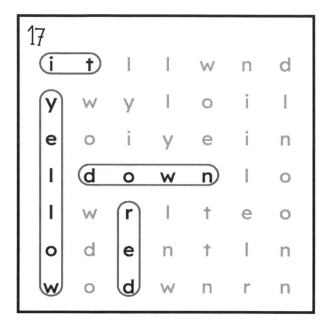

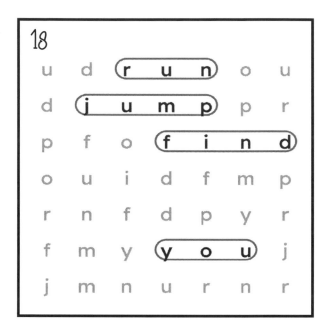

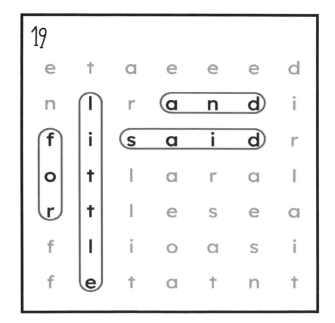

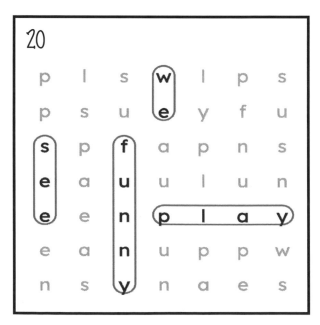

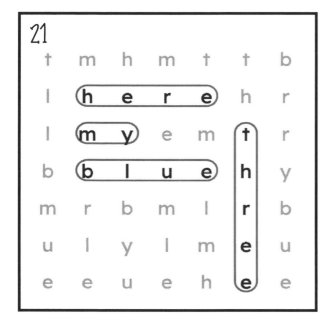

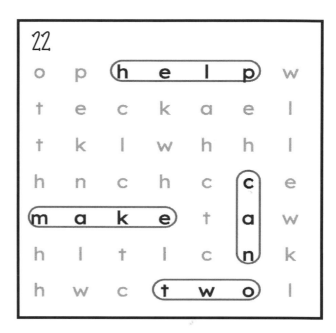

21

t	m	h	m	t	t	b
l	h	e	r	e	h	r
l	m	y	e	m	t	r
b	b	l	u	e	h	y
m	r	b	m	l	r	b
u	l	y	l	m	e	u
e	e	u	e	h	e	e

22

o	p	h	e	l	p	w
t	e	c	k	a	e	l
t	k	l	w	h	h	l
h	n	c	h	c	c	e
m	a	k	e	t	a	w
h	l	t	l	c	n	k
h	w	c	t	w	o	l

23

r	e	t	l	h	a	o	t
a	i	o	u	w	i	t	h
f	o	r	y	l	t	i	u
l	l	t	w	w	o	f	r
r	e	u	f	i	f	o	i
o	a	f	e	a	y	u	w
e	a	l	l	e	a	r	f
t	h	e	y	r	l	h	a

24

s	h	a	a	t	a	e	k
g	i	t	b	l	a	c	k
o	a	e	i	b	l	h	d
i	t	i	d	b	b	c	t
k	h	c	l	l	s	g	t
e	i	l	e	g	o	o	d
b	s	i	s	o	b	b	l
b	c	o	k	k	o	s	e

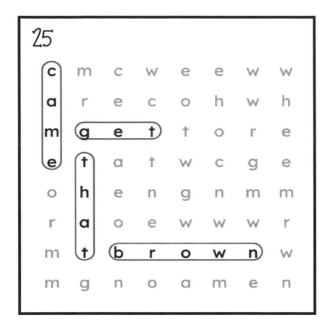

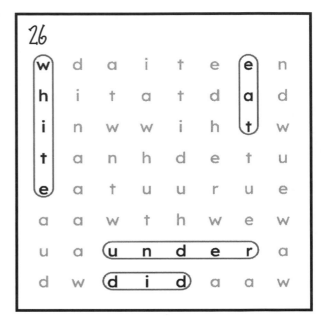

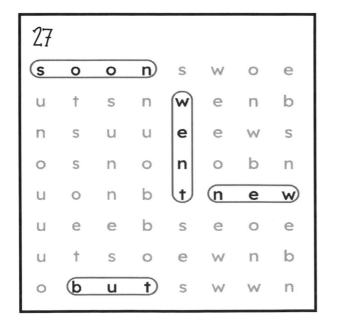

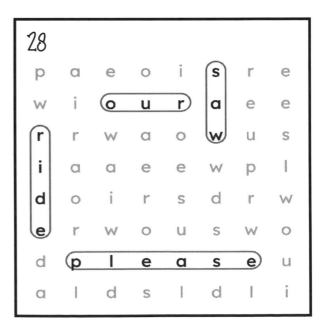

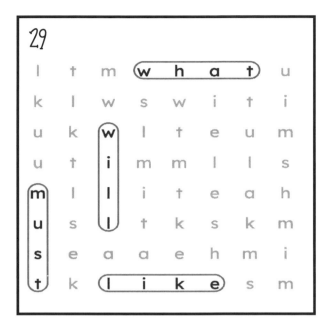

29

```
l  t  m  w  h  a  t  u
k  l  w  s  w  i  t  i
u  k  w  l  t  e  u  m
u  t  i  m  m  l  l  s
m  l  l  i  t  e  a  h
u  s  l  t  k  s  k  m
s  e  a  a  e  h  m  i
t  k  l  i  k  e  s  m
```

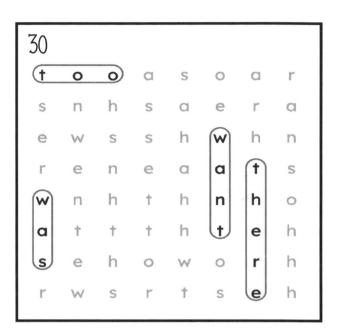

30

```
t  o  o  a  s  o  a  r
s  n  h  s  a  e  r  a
e  w  s  s  h  w  h  n
r  e  n  e  a  a  h  s
w  a  n  t  t  n  t  o
a  t  t  t  h  t  e  h
s  e  h  o  w  o  r  h
r  w  s  r  t  s  e  h
```

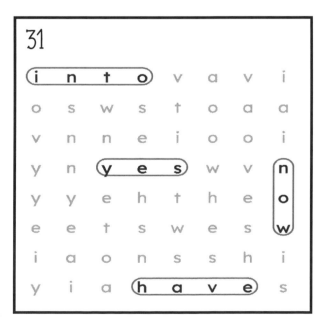

31

```
i  n  t  o  v  a  v  i
o  s  w  s  t  o  a  a
v  n  n  e  i  o  o  i
y  n  y  e  s  w  v  n
y  y  e  h  t  h  e  o
e  e  t  s  w  e  s  w
i  a  o  n  s  s  h  i
y  i  a  h  a  v  e  s
```

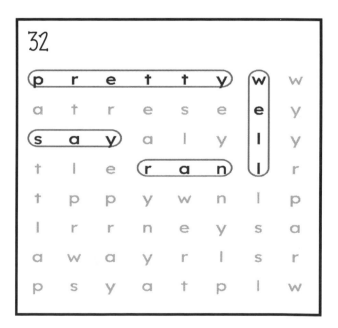

32

```
p  r  e  t  t  y  w  w
a  t  r  e  s  e  e  y
s  a  y  a  l  y  l  y
t  l  e  r  a  n  l  r
t  p  p  y  w  n  l  p
l  r  r  n  e  y  s  a
a  w  a  y  r  l  s  r
p  s  y  a  t  p  l  w
```

33

t	t	h	w	(c	a	n)	s
t	c	y	h	c	(n	o	t)
y	n	o	t	h	c	c	w
t	e	y	c	h	s	c	o
(a	y	c	(s	a	a	w	o
w	n	c	h	w	s	o	s
a	c	a	e)	n	o	s	y
y)	n	e	s	e	s	t	t

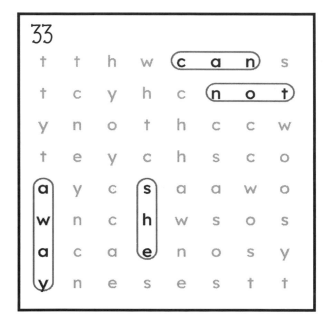

34

i	a	t	o	f	o	t	r	r
u	s	a	i	(f	o	u	r)	w
h	l	w	l	l	s	r	a	e
(o	s	(w	o	l	s	a	t	a
u	l	h	h	a	f	(a	l	l)
t)	s	i	w	e	o	(t	o	h
s	s	t	u	s	a	h	i	w
e	t	e)	w	w	a	i	t)	s
l	e	f	r	w	o	s)	h	t

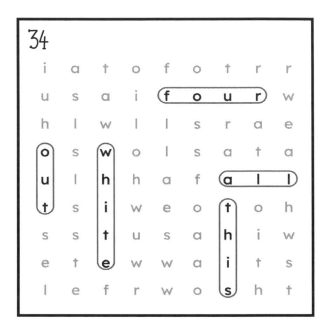

35

a	t	(p	l	e	a	s	e)	g
a	w	s	(g	e	t)	g	o	l
t	w	g	l	g	w	h	s	a
p	h	e	t	e	a	a	w	p
s	l	o	(t	o	o)	(a	e	o
a	p	t	e	w	w	r	e	t
p	r	l	t	p	r	e)	a	t
g	h	w	r	(w	h	a	t)	e
o	r	g	l	a	w	t	r	t

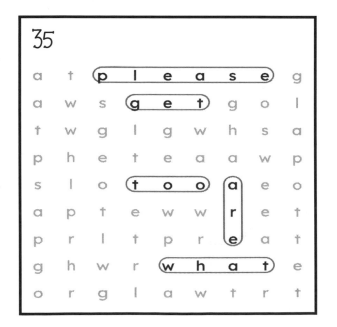

36

y	p	(g	o	o	d)	y	r	g
(r	h	t	v	d	u	n	u	n
a	p	r	y	p	e	u	e	r
n)	p	d	e	u	o	u	h	a
(u	n	d	e	r)	v	n	v	d
g	e	v	a	g	v	v	o	y
o	g	(p	r	e	t	t	y)	o
o	n	e	d	t	v	o	u	e
e	(h	a	v	e)	n	r	h	r

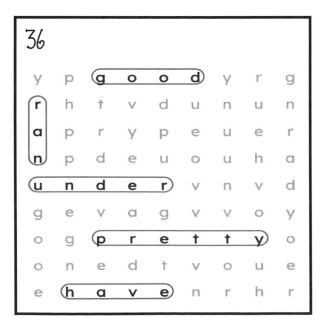

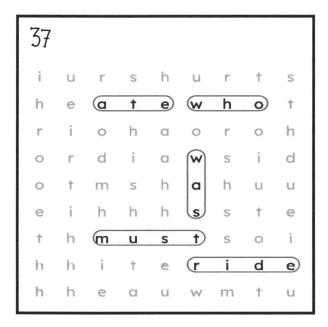

37

```
i  u  r  s  h  u  r  t  s
h  e  a  t  e  w  h  o  t
r  i  o  h  a  o  r  o  h
o  r  d  i  a  w  s  i  d
o  t  m  s  h  a  h  u  u
e  i  h  h  h  s  s  t  e
t  h  m  u  s  t  s  o  i
h  h  i  t  e  r  i  d  e
h  h  e  a  u  w  m  t  u
```

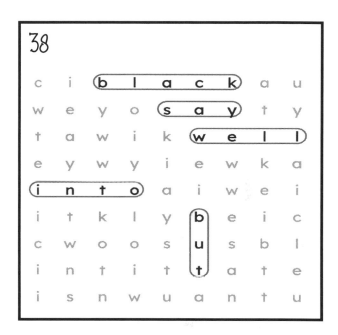

38

```
c  i  b  l  a  c  k  a  u
w  e  y  o  s  a  y  t  y
t  a  w  i  k  w  e  l  l
e  y  w  y  i  e  w  k  a
i  n  t  o  a  i  w  e  i
i  t  k  l  y  b  e  i  c
c  w  o  o  s  u  s  b  l
i  n  t  i  t  t  a  t  e
i  s  n  w  u  a  n  t  u
```

39

```
e  a  h  w  e  n  t  n  m
n  n  c  t  w  h  s  w  s
h  e  h  o  n  w  s  s  w
n  w  e  s  o  o  n  m  a
o  c  n  h  w  h  w  o  t
a  a  m  t  t  m  h  e  h
e  m  m  a  c  a  a  h  a
m  e  t  s  w  n  a  c  t
n  e  a  t  c  m  n  o  w
```

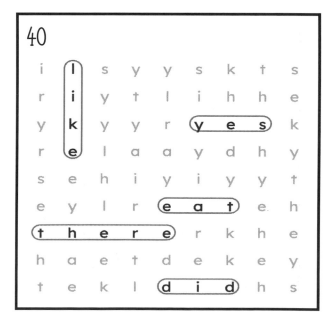

40

```
i  l  s  y  y  s  k  t  s
r  i  y  t  l  i  h  h  e
y  k  y  y  r  y  e  s  k
r  e  l  a  a  y  d  h  y
s  e  h  i  y  i  y  y  t
e  y  l  r  e  a  t  e  h
t  h  e  r  e  r  k  h  e
h  a  e  t  d  e  k  e  y
t  e  k  l  d  i  d  h  s
```

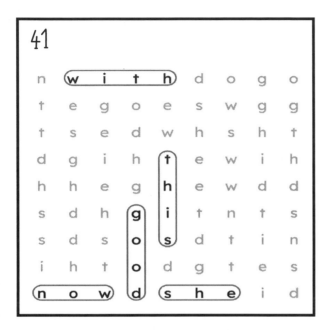

41

```
n  w  i  t  h   d  o  g  o
t  e  g  o  e  s  w  g  g
t  s  e  d  w  h  s  h  t
d  g  i  h  t  e  w  i  h
h  h  e  g  h  e  w  d  d
s  d  h  g  i  t  n  t  s
s  d  s  o  s  d  t  i  n
i  h  t  o  d  g  t  e  s
n  o  w  d  s  h  e  i  d
```

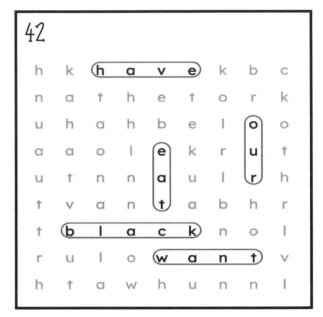

42

```
h  k  h  a  v  e  k  b  c
n  a  t  h  e  t  o  r  k
u  h  a  h  b  e  l  o  o
a  a  o  l  e  k  r  u  t
u  t  n  n  a  u  l  r  h
t  v  a  n  t  a  b  h  r
t  b  l  a  c  k  n  o  l
r  u  l  o  w  a  n  t  v
h  t  a  w  h  u  n  n  l
```

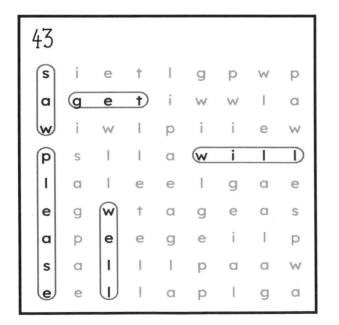

43

```
s  i  e  t  l  g  p  w  p
a  g  e  t  i  w  w  l  a
w  i  w  l  p  i  i  e  w
p  s  l  l  a  w  i  l  l
l  a  l  e  e  l  g  a  e
e  g  w  t  a  g  e  a  s
a  p  e  e  g  e  i  l  p
s  a  l  l  l  p  a  a  w
e  e  l  l  a  p  l  g  a
```

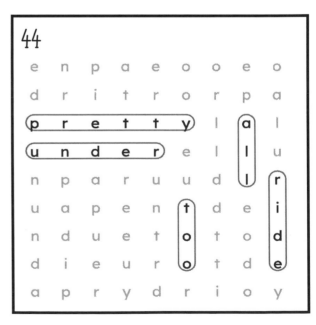

44

```
e  n  p  a  e  o  o  e  o
d  r  i  t  r  o  r  p  a
p  r  e  t  t  y  l  a  l
u  n  d  e  r  e  l  l  u
n  p  a  r  u  u  d  l  r
u  a  p  e  n  t  d  e  i
n  d  u  e  t  o  t  o  d
d  i  e  u  r  o  t  d  e
a  p  r  y  d  r  i  o  y
```

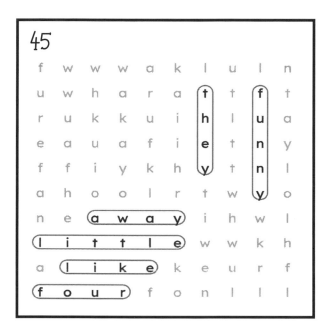

45

```
f  w  w  w  a  k  l  u  l  n
u  w  h  a  r  a  t  t  f  t
r  u  k  k  u  i  h  l  u  a
e  a  u  a  f  i  e  y  n  y
f  f  i  y  k  h  y  t  n  l
a  h  o  o  l  r  t  w  y  o
n  e  a  w  a  y  i  h  w  l
l  i  t  t  l  e  w  w  k  h
a  l  i  k  e  k  e  u  r  f
f  o  u  r  f  o  n  l  l  l
```

46

```
i  o  o  b  b  a  a  w  n  r
e  o  o  w  w  t  r  h  e  a
e  w  e  n  t  h  g  e  b  i
g  e  e  b  w  b  g  r  t  h
t  h  a  t  r  o  h  e  r  t
b  o  o  w  o  w  b  t  e  o
w  g  a  w  g  w  w  b  n  a
n  i  e  n  n  o  g  o  o  i
e  b  i  t  t  h  i  r  w  e
w  a  w  n  g  t  b  i  g  i
```

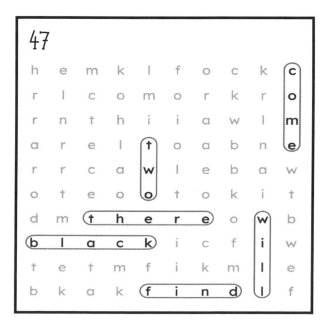

47

```
h  e  m  k  l  f  o  c  k  c
r  l  c  o  m  o  r  k  r  o
r  n  t  h  i  i  a  w  l  m
a  r  e  l  t  o  a  b  n  e
r  r  c  a  w  l  e  b  a  w
o  t  e  o  t  o  k  i  t
d  m  t  h  e  r  e  o  w  b
b  l  a  c  k  i  c  f  i  w
t  e  t  m  f  i  k  m  l  e
b  k  a  k  f  i  n  d  l  f
```

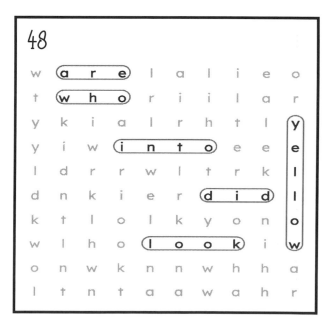

48

```
w  a  r  e  l  a  l  i  e  o
t  w  h  o  r  i  i  l  a  r
y  k  i  a  l  r  h  t  l  y
y  i  w  i  n  t  o  e  e  e
l  d  r  r  w  l  t  r  k  l
d  n  k  i  e  r  d  i  d  l
k  t  l  o  l  k  y  o  n  o
w  l  h  o  l  o  o  k  i  w
o  n  w  k  n  n  w  h  h  a
l  t  n  t  a  a  w  a  h  r
```

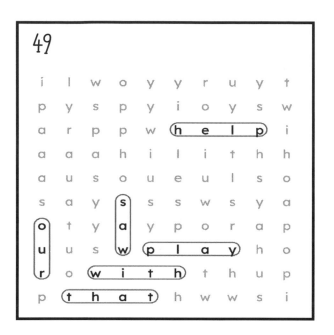

49

```
i l w o y y r u y t
p y s p y i o y s w
a r p p w h e l p i
a a a h i l i t h h
a u s o u e u l s o
s a y s s s w s y a
o t y a y p o r a p
u u s w p l a y h o
r o w i t h t h u p
p t h a t h w w s i
```

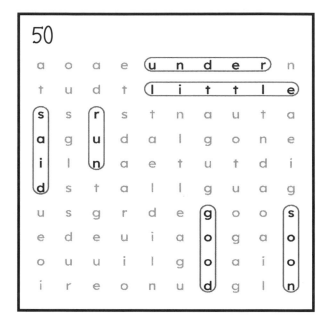

50

```
a o a e u n d e r n
t u d t l i t t l e
s s r s t n a u t a
a g u d a l g o n e
i l n a e t u t d i
d s t a l l g u a g
u s g r d e g o o s
e d e u i a o g a o
o u u i l g o a i o
i r e o n u d g l n
```

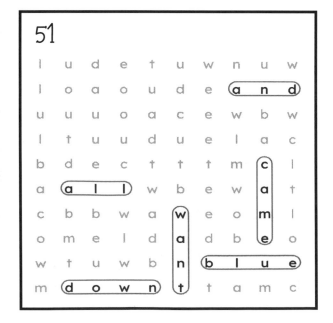

51

```
l u d e t u w n u w
l o a o u d e a n d
u u u o a c e w b w
l t u u d u e l a c
b d e c t t t m c l
a a l l w b e w a t
c b b w a w e o m l
o m e l d a d b e o
w t u w b n b l u e
m d o w n t t a m c
```

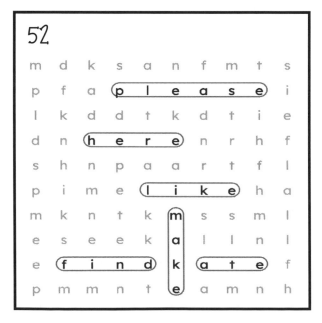

52

```
m d k s a n f m t s
p f a p l e a s e i
l k d d t k d t i e
d n h e r e n r h f
s h n p a a r t f l
p i m e l i k e h a
m k n t k m s s m l
e s e e k a l l n l
e f i n d k a t e f
p m m n t e a m n h
```

53

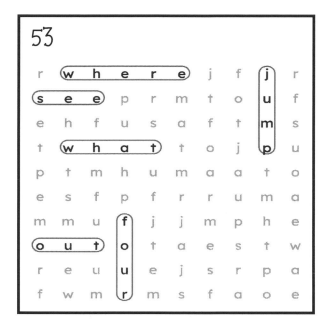

54

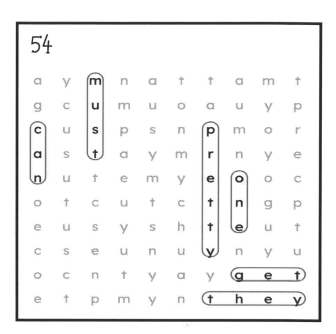

55

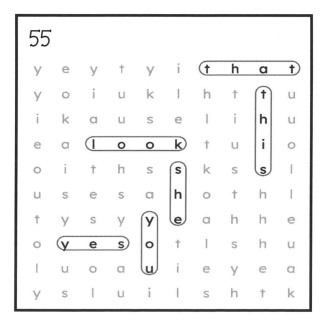

56

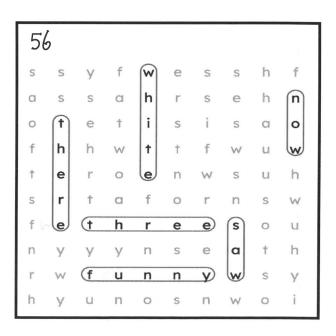

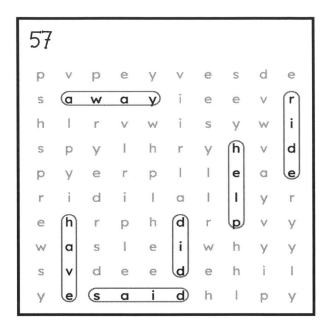

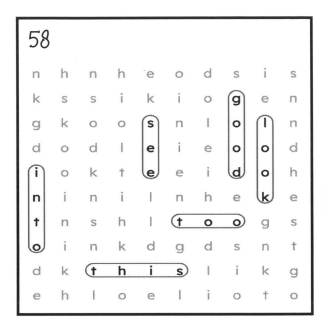

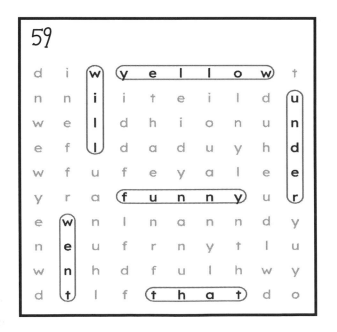

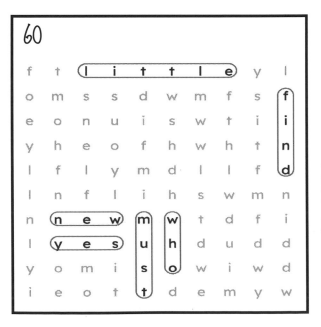

Made in the USA
Monee, IL
28 February 2023